よしもと芸人 × dグルメ

\みんなで作る！/
# ご当地
# とっておき料理

「ご当地とっておき料理」
編集部

ヨシモトブックス

# はじめに

私たちの住むニッポンには、豊かな食材があふれています。
そして、それぞれの地方には、個性豊かな郷土料理があります。
今回、そんなニッポンの美味しさを改めて実感しようということで、
料理自慢の3人の芸人をはじめ、47都道府県にいる住みます芸人たち、
そして、dグルメコミュニティの一般ユーザーの方から
「ニッポンの美味しいレシピ」をさまざまに集めてみました。
掲載しているレシピはいずれも郷土色を感じさせつつも、
今日のごはんから活用できる「毎日食べたい」おかずばかりです。
この本を通して、日本各地の"味"な旅を満喫してください！

**岐阜県**

お新香ステーキ

**京都府**

京野菜のはんなりだしピクルス

**長崎県**

イタリアン鯵フライ

**岡山県**

そずり鍋

CHUBU

P 42

KINKI

P 36

P 50

P 46

CHUGOKU

**沖縄県**

タコライス

P 22

P 38

SHIKOKU

P 10

**高知県**

おから野菜寿司

P 16

**宮崎県**

チキン南蛮

KYUSHU

# 腕に自信あり！
# 3人の料理芸人たち

**おふくろの味 スペシャリスト**

**時短料理 テクニシャン**

ボルサリーノ
## 関 好江

犬の心
## いけや賢二

芸人仲間に振る舞う家庭料理が評判を呼び、料理芸人として活躍を見せる。「家にあるものでできる、ムリをしない家庭料理」がポリシー。その美味しさは手料理に飢えた後輩芸人たちから絶大な信頼を寄せられており、特に後輩女性芸人たちからは「お母さんのようだ」と慕われている。料理を作ること、大勢でごはんを食べることが大すき。

20代で始めた居酒屋でのバイト経験から料理芸人として開眼。テレビ番組「得する人損する人」（日本テレビ系）の中で短時間で多くの料理を作る"ウル得マン"として出演、注目が集まる。「時間をかければ誰でもウマいものは作れる。しかし、そこをいかに短縮し、本格的な味に近づけるか」という料理哲学で日々精進している。

## 出汁ファンタジスタ

### はんにゃ 川島章良

母方の祖父は京都で料理人をしており、料理が得意な母の下で食の英才教育を受けて育つ。自身に子どもが生まれたことをきっかけに、"だし"への興味を深め、4年をかけて「だしソムリエ1級」を取得。それゆえ、だしには一家言あり。離乳食・幼児食インストラクター、食育アドバイザー、お弁当学マスターなどの資格も持ち合わせる。

## dグルメとは？

レシピ・レストラン・クーポンなど、食のサービスがまとめて使える「dグルメ」。クックパッドをはじめとした280万件以上の人気レシピが見られ、食べログのレストランランキングで約80万件のお店から簡単に人気のお店が探せます。さらに、レストラン、居酒屋、チェーン店等で使えるクーポンも11万件以上と、とってもおトクなサービスです。そんな「dグルメ」の中の1コンテンツとしてスタートした「みんなで創るdグルメコミュニティ」がこの本のベースになっています。住みます芸人や一般ユーザーの方からご当地グルメ情報や「究極の○○レシピ」など、日本各地から集まった生きた情報を再編集して、オリジナルのレシピブックとして掲載しています。

### 食の総合サイト
**毎日の食事がおいしくおトクに！**

280万件以上のレシピが見放題！ / 約80万件のレストランからランキングで人気のお店が簡単に見つかる！

レシピ / レストラン

11万件以上のクーポンが使える！ / 食のトレンド情報が見放題！ / dグルメ会員に特別プレゼント！

クーポン / マガジン / プレゼント

**これだけたくさんのグルメサービスが使える！**

※提供サービスは2018年1月末現在です。提供内容が変更となる可能性もございます。

# 目次

はじめに …………………… 2
腕に自信あり！
3人の料理芸人たち …………… 4
この本の使い方 ……………… 8
一番だしの取り方 …………… 8

## 1章 名物いっぱい！ご当地自慢レシピ

● ボルサリーノ・関　● 犬の心・いけや　● はんにゃ・川島

### 肉

- チキン南蛮めんたいタルタル ● …………………… 10
- 豚丼ひつまぶし ● ………………………………… 12
- スッキリ！あっさり！だし角煮 ● ………………… 14
- 五目豆でかんたん！タコライス ● ………………… 16
- あごだしで旨みたっぷり！浜松風餃子 ● ………… 18
- 大山どりとあごだしのお茶漬け (鳥取県住みます芸人・ほのまる) … 20
- とんちゃんうどん (福井県住みます芸人・クレヨンいとう) ……… 21
- 牛そぼろごはん (にゃ～すさん) …………………………… 21

### 魚

- バジル＆チーズのイタリアン鯵フライ ● ………… 22
- 缶詰でお手軽！ホタテ＆じゃこごはん ● ………… 24
- ねぎま汁 ● ………………………………………… 26
- 変わり天むす ● …………………………………… 28
- 鮭いくら親子コロッケ ● ………………………… 30
- へしこと名田庄漬のお茶漬け (福井県住みます芸人・飯めしあがれこにお) … 32
- 江戸前カレイでWしょうがの煮付け (東京都住みます芸人・キャベツ確認中) … 33

### 野菜

- きりたんぽのロールキャベツ ● ………………… 34
- 京野菜のはんなりだしピクルス ● ……………… 36
- ヘルシーおから野菜寿司 ● ……………………… 38
- 納豆うま煮 ● ……………………………………… 40
- お新香ステーキ ● ………………………………… 42
- 黄ニラのシャキシャキおいぴーザ (岡山県住みます芸人・江西あきよし) … 44
- 広島菜チャーハン (広島県住みます芸人・松浜心) ………… 45
- 加賀太きゅうりの梅肉和え (石川県住みます芸人・ぶんぶんボウル) … 45

### 鍋

- 味噌おでん ● ……………………………………… 46
- 塩バターちゃんこ鍋 ● …………………………… 48
- そずり鍋 ● ………………………………………… 50

**特別コラム・料理芸人座談会**
「料理人心をくすぐる、郷土料理＆食材」 …………… 52

## 2章 みんなで作る「究極」レシピ

### パスタ

- わさび鮭クリームパスタ 🔴 …… 54
- しらすと水菜のペペロンチーノ 🔵 …… 56
- 夏野菜のカラフルパスタ (マジョラムさん) …… 58
- こってりナポリタン (ともきーさん) …… 59
- 鮭とパクチーのパスタ (ポッキーさん) …… 59
- 究極の冷蔵庫掃除パスタ！(グリーンアップルさん) …… 60
- あら川の桃と生ハムの冷製スパゲティ (和歌山県住みます芸人・わんだーらんど) …… 60
- 白イカとあごの焼パスタ (島根県住みます芸人・奥村隼也) …… 61
- ニラの四川風パスタ (栃木県住みます芸人・上原チョー) …… 61

### サンドイッチ

- わんぱくカツサンド 🔴 …… 62
- たったひと手間！究極のツナサンド (宮城県住みます芸人・爆笑コメディアンズ) …… 64
- お好み焼きサンド (大阪府住みます芸人・span！) …… 64
- 阿波尾鶏のシャキシャキサンド (徳島県住みます芸人・キャンパスボーイ) …… 65
- シナモンたっぷり桃サンド (山梨県住みます芸人・ぴっかり高木といしいそうたろう) …… 65
- ♪自家製ツナのブランパンサンドイッチ♪ (aiaihansonさん) …… 66
- バジルポテト&ナスミンチホットサンド (Rieさん) …… 66
- ハワイタリアメリカンサンド！(dグルメ事務局さん) …… 67
- 好きなものをはさんで！夏休みサンドイッチ (ミルメイさん) …… 67

### 卵かけごはん (TKG)

- 鉄板ナポTKG 🔴 …… 68
- 山かけ卵かけごはん 🟠 …… 70
- まいたけTKG (きりきりんさん) …… 72
- 味噌だれ卵ごはん (どどんさん) …… 72
- ちりめん山椒&ラー油のTKG (まりみ0817さん) …… 73
- メキシカン−サルサ−TKG (dグルメ事務局さん) …… 73
- 冷や汁風卵かけごはん (やーちゃん☆さん) …… 74
- 奈良漬け&ほうじ茶のTKG (奈良県住みます芸人・十手リンジン) …… 74
- バターしょうゆの卵かけごはん (群馬県住みます芸人・アンカンミンカン) …… 75
- のりクロTKG (福岡県住みます芸人・ぶんぶん丸) …… 75

### 調味料

- 自家製だししょうゆ 🔵 …… 76
- 餃子が進む！特製味噌だれ (兵庫県住みます芸人・モンスーン) …… 77

47都道府県、各地の住みます芸人がおすすめ！
うちの自慢のご当地調味料 …… 78

## 〈この本の使い方〉

- 本の中に表示した小さじ1は5ml、大さじ1は15ml、1カップは200mlです。

- 作り方の中にある加熱時間は、目安になります。IH、ガスコンロなど使用する火元のメーカーや機種によって温度や加熱時間は変わる場合がありますので、加熱時間は目安と考え、調節してください。

- 青ねぎとは浅つきや万能ねぎのことです。お好みでどうぞ。

- 本書で「一番だし」と書かれている場合、以下のレシピで取っただしを使用してください。時間がない場合には和風だしの素などを使用してもかまいません。

- dグルメユーザーの投稿レシピには  マークがついています。

---

だしソムリエ1級！　はんにゃ・川島が教える

## 『一番だしの取り方』

**材料（800〜900ml分）**
水……1リットル
昆布……15g
花かつお……20g

**作り方**

1. 鍋に水と昆布を入れ、最低30分以上おく。
2. 1の鍋をごく弱火にかけ、ゆっくりと煮だす。泡が立ってきて湯気が立ち上り始めたら火を止める。（※沸騰させないのがポイント／目安は約63℃。）
3. 昆布を取り出して、花かつおを入れ、1分ほどおいたらさらし（またはキッチンペーパー）を置いたザルでこす。花かつおをこす時、えぐみが出るのでしぼらないこと！

# 1章 名物いっぱい！ご当地自慢レシピ

各地に伝わる郷土料理はもちろん、
名物食材を使った絶品おかずも揃えました。
アイデア光る進化系ご当地料理から、
「なるほど！」と唸るお手軽メニューまで、
肉、魚、野菜のジャンルに分けて掲載。
和洋中を問わず、バラエティ豊かなレシピが満載です。

# チキン南蛮 めんたいタルタル

## 材料（2人分）

鶏むね肉……1枚
A [ 酒……大さじ1
　 しょうが（すりおろし）……大さじ1 ]
片栗粉 少々
揚げ油……適量
B [ ポン酢、しょうゆ、酢、砂糖……各大さじ1 ]
青ねぎ……適宜

【タルタルソース】
玉ねぎ……1/4個
ゆで卵……1個
明太子……1/4腹
C [ マヨネーズ……大さじ3
　 ケチャップ……小1
　 練乳……少々 ]
塩・こしょう……適量

第1章 ご当地自慢レシピ　肉

## 作り方

1. ボウルにひと口大に切った鶏むね肉とAの調味料を入れ、もみ込んでから20分ほどおく。Bの調味料を混ぜ合わせ、甘酢だれを作る。
2. 1の鶏肉に片栗粉をまぶし、170〜180℃にした揚げ油でカラリと揚げる。揚げたてのままで1の甘酢だれにサッとからめる。
3. タルタルソースを作る。玉ねぎとゆで卵はみじん切りにし、明太子は皮をそぎ、中身を取り出す。
4. ボウルにCの調味料と3を混ぜ合わせ、塩・こしょうで味を調える。
5. 器に2の鶏肉を並べ、上から4のタルタルソースをかける。小口切りにした青ねぎを散らす。

> 宮崎名物のチキン南蛮に、福岡名物の明太子をアレンジして「九州名物のWコラボ」で仕上げてみました。タルタルソースには練乳を少し入れると、甘みと深みが出るんですよ！

ボルサリーノ・関

北海道　愛知

# 豚丼ひつまぶし

第1章　ご当地自慢レシピ　肉

**材料（2人分）**

豚ロース薄切り肉……300g
酒……大さじ1
小麦粉……大さじ1
サラダ油……適量
A ┌ 酒……大さじ2
　├ みりん……大さじ2
　├ 刺身しょうゆ……大さじ4
　└ 砂糖……大さじ1
ごはん……2膳分
刻みのり、青ねぎ（小口切り）、
　わさび……各適宜

【吸い物】
水……400cc
B ┌ 鶏がらスープの素……小さじ1
　├ 和風だしの素……小さじ1
　└ しょうゆ……小さじ1
しめじ……1/2パック
三つ葉……少々
とろろ昆布……少々

**作り方**

1　豚ロース薄切り肉は酒で下味をつけ10分ほどおき、小麦粉をまぶす。
2　鍋に**A**の酒とみりんを入れ、火にかけ沸いてきたら刺身しょうゆと砂糖を加えて軽く煮詰める。
3　フライパンにサラダ油を熱し、1の豚肉を焼く。肉の色が変わり、両面に火が通ったら2のタレにサッとくぐらせてフライパンに戻し、かば焼き風に焼く。
4　吸い物を作る。鍋に水を入れ、沸いてきたら**B**の調味料と石づきを切ったしめじを入れ、ひと煮立ちさせる。
5　3の豚肉を細切りにし、器に盛ったごはんの上にのせる。薬味は別の器に盛る。椀に盛った吸い物に三つ葉ととろろ昆布を入れる。

ボルサリーノ・関

名古屋名物の「ひつまぶし」×北海道の「豚丼」をかけあわせたハイブリッド丼！ しっかり味の豚丼を、そのままで、薬味で、吸い物をかけて。3通りで味わう楽しさがたまりません。

東京

# スッキリ！あっさり！だし角煮

第1章 ご当地自慢レシピ　肉

### 材料（2人分）
- 豚バラ肉（塊）……500g
- おから……150g
- 長ねぎ……1本
- しょうが……2かけ
- A
  - 一番だし……600ml
  - 薄口しょうゆ……大さじ4
  - 氷砂糖……60g

### 作り方
1. 豚バラ肉は5cm幅に切る。長ねぎは根元を切り落とし、5cmほど切って白髪ねぎを作る。しょうがは2等分にする。
2. 鍋にたっぷりの水を注ぎ、1の豚肉とおからとしょうが、白髪ねぎ以外の長ねぎを加えて火にかけ、1時間ほど下ゆでする。（※時間が短縮できる圧力鍋を使っても可／目安は20分）
3. 2で下ゆでした豚肉をきれいに水洗いする。鍋にAの調味料と豚肉を加えて火にかけ、弱火でじっくり30分ほど煮込む。（※この工程もまた圧力鍋を使うと時間が短縮できる／目安は15分）
4. だし汁ごと器に盛り、1の白髪ねぎをのせる。

はんにゃ・川島

一番だしの風味を生かして、あっさり仕上げる豚の角煮に、東京の銘柄豚「TOKYO X」を使ってみました。豚の下ゆでにおからを入れるのがポイント。おからがラードを吸収するのでヘルシーに仕上がります。

# 五目豆でかんたん！タコライス

沖縄

第1章 ご当地自慢レシピ　肉

## 材料（2人分）
- 牛ひき肉……200g
- 五目豆……40g
- サラダ油……適量
- A
  - ケチャップ……大さじ2
  - めんつゆ（濃縮）……大さじ2
  - タバスコ……小さじ1
  - にんにく（すりおろし）……小さじ1/2
- トマト……1/2個
- レタス……1/4個
- ピザ用チーズ……50g
- ごはん……2膳分

## 作り方
1. フライパンにサラダ油を熱し、牛ひき肉を炒める。肉の色が変わったら、Aの材料を加えさらに炒め、香りが立ってきたら五目豆を加える。これで「なんちゃってチリコンカン」の完成。
2. トマトは角切りに、レタスはせん切りにする。
3. 器にごはんをよそい、1の「なんちゃってチリコンカン」をのせ、まわりに2の野菜を彩りよく盛り付けたら、上にピザ用チーズをのせる。

犬の心・いけや

冷蔵庫で残りがちな五目豆を使って、なんちゃってチリコンカンを作ってみました。それをさらにアレンジすれば、特別なスパイスを使わずに沖縄名物のタコライスができちゃいますよ。

# あごだしで旨みたっぷり！浜松風餃子

第1章 ご当地自慢レシピ　肉

## 材料（約30〜35個分）

- 豚ひき肉……200g
- キャベツ（葉）……2〜3枚
- ニラ……5本
- しょうが……1/2かけ
- にんにく……1/2かけ
- A
  - 水……1カップ
  - あごだし（顆粒）……15g
- 塩・こしょう・砂糖……各小さじ1
- 餃子の皮……30〜35枚
- サラダ油……適量
- ごま油……適量
- もやし……1/2袋

## 作り方

1. キャベツ、ニラはみじん切りにする、しょうがとにんにくはすりおろす。もやしはサッとゆでておく。
2. 鍋にAを加えて火にかける。沸いたら一度、冷まして、あごだしを作る。
3. ボウルに豚ひき肉と2のあごだしを1/4ほど入れて混ぜ合わせる。これを何度かくり返し、ひき肉にしっかりあごだしを含ませる。
4. 3のボウルに1の材料を入れ、塩、こしょう、砂糖で味を調え、全体をしっかり混ぜ合わせる。肉だねができたら、餃子の皮で包んでいく。
5. フライパンにサラダ油を熱し、4の餃子を円形に並べていく。お湯100cc（分量外）ほど加え、ふたをして3〜4分ほど蒸し焼きにする。水分がなくなったらごま油を回しかけ、器に盛り、中央に1のもやしをのせる。

犬の心・いけや

静岡のご当地餃子である「浜松餃子」。中央に盛ったもやしとぐるりと円形に餃子を並べて焼くのが特徴。そこに九州名物のあごだしを使って、旨みをプラス。ジューシーな餃子に仕上げました。

あごだしとは……「あご」とは九州でトビウオ（飛魚）のこと。九州地方ではあごの煮干しから取っただしが使われている。

**鳥取**

鳥取県住みます芸人
**ほのまる**

鳥取名物のあごだし×鳥取の銘柄鶏である「大山どり」のWだしのスープ、だからウマいんです！ あっさりなので夜食にもおすすめですよ。

# 大山どりとあごだしのお茶漬け

**作り方**

1. ささみは筋を取っておく。梅干しは種を取り、薄切りにする。長ねぎはせん切りにして水にさらし、白髪ねぎにする。
2. 鍋に水とあごだしを加えて火にかけ、沸いてきたら1のささみを入れて、だしをとる。そこに塩としょうゆを加えて味を調える。

3. 2からささみを取り出し、サラダ油をひいたフライパンで色よく焼き、ひと口大に切る。
4. 器にごはんを盛り、3のささみと1の梅干しをのせ、上から2のだしをかける。白髪ねぎと手でちぎった海苔をのせ、お好みでわさびを添える。

**材料（2人分）**

ごはん……2膳分
大山どりのささみ……100g
※銘柄鶏がなければ普通の鶏肉で代用
あごだし（顆粒）……8g
水……500ml
サラダ油……少々
塩……少々
しょうゆ……少々
梅干し……2粒
長ねぎ（白い部分）……5cmほど
海苔……適量
わさび……適宜

**福井県住みます芸人**
### クレヨンいとう

> 豚のホルモンを味噌やしょうゆでつけこんだ「とんちゃん」は福井人が愛してやまない味！

# とんちゃんうどん

### 材料（2人分）
とんちゃん……1袋
※ない場合は味付ホルモンで代用

にんじん……1本
なす……1本
長ねぎ……1本
うどん……2玉

### 作り方
1. にんじんは短冊切り、なすはざく切り、長ねぎは乱切りにする。
2. フライパンにとんちゃんと1の野菜を加えて、中火で15分ほど煮込みながら炒める。
3. うどんを加えて全体を混ぜ合わせながら炒める。

### にゃ〜すさん

> 我が家の定番「牛そぼろごはん」。いり卵を混ぜるとなぜか甘みを感じて、美味しいです。

# 牛そぼろごはん

### 材料（2人分）
牛ひき肉……100g
しょうが……1かけ
サラダ油……適量
ごはん……2膳分
卵……1個分

A｜しょうゆ……大さじ3
　｜酒……大さじ3
　｜砂糖……大さじ3
　｜みりん……大さじ2

### 作り方
1. しょうがはみじん切りにする。卵を割りほぐし、塩（分量外）を加えていり卵を作る。
2. フライパンにサラダ油と1のしょうがを熱し、香りが立ってきたらAの調味料を加え煮立てる。そこに牛ひき肉を入れ、炒める。
3. 火が通ったらそぼろだけ器にとり、残った煮汁はさらに煮詰めてからそぼろに戻す。
4. 炊きたてのごはんに3と1のいり卵を加え、混ぜる。

第1章 ご当地自慢レシピ　肉

長崎

# バジル＆チーズの
# イタリアン鯵(あじ)フライ

## 材料（2人分）

- 鯵……2尾
- 小麦粉……50g
- 卵……1個
- パン粉……100g
- 粉チーズ……大さじ1と1/2
- バジル（乾燥）……大さじ1と1/2
- 揚げ油……適量
- キャベツ（葉）……2〜3枚

【トマトソース】
- トマト……1個
- オリーブオイル……大さじ1
- にんにく……1かけ
- A
  - 水……50ml
  - ケチャップ……大さじ2
  - しょうゆ……小さじ1/2
- 塩……少々

## 作り方

1. 鯵はウロコとゼイゴを取り、頭を切り落とし内臓を取り出す。水洗いして、背開きする（鯵の大きさによって3枚におろしてしまってもOK）。
2. パン粉にバジルと粉チーズを加え、全体をよく混ぜる。1の鯵を小麦粉→卵→パン粉の順で付ける。
3. トマトソースを作る。フライパンにみじん切りにしたにんにくとオリーブオイルを熱し、香りが立ってきたらざく切りにしたトマトを加え、Aの調味料を加えて混ぜ合わせ、塩で味を調える。
4. 2の鯵を170〜180℃にした揚げ油でカラリと揚げる。
5. 器に盛り、せん切りにしたキャベツを添え、上に3のトマトソースをかける。

第1章 ご当地自慢レシピ 魚

> 日本各地で美味しい鯵が獲れますが、今回は長崎の鯵を使って、バジル＆粉チーズの風味が活きた変わりフライに。このパン粉は冷凍もでき、鶏肉にも合うので重宝しますよ〜！

犬の心・いけや

青森

# 缶詰でお手軽！
# ホタテ&じゃこごはん

第1章 ご当地自慢レシピ　魚

## 材料（3合分）

- ホタテ缶詰……1缶
- じゃこ……20g
- しょうが……1と1/2かけ
- A
  - 一番だし……480ml
  - しょうゆ……大さじ2
  - みりん……大さじ2
  - 酒……小さじ2
- 米……3合
- もち米……大さじ1
- 三つ葉または青ねぎ……適量

## 作り方

1. 米ともち米は洗ってから水をきっておく。しょうがはせん切りにする。
2. 炊飯器のお釜に1の米ともち米、Aの調味料を入れる。
3. 2にホタテの缶詰を汁ごと加えて、1のしょうがとじゃこを入れ、軽く混ぜ合わせる。炊飯器の目盛りの3合の部分に合わせて水を加減する。（※足りないようなら水を増やし、多いようなら少し取り出す）
4. 3の状態で30分ほどおいてから炊飯のスイッチを押す。炊き上がったらすぐにふたを開けず数分待ってから開け、しゃもじで全体をサックリと空気を入れるように混ぜ合わせる。器に盛り、三つ葉または青ねぎを散らす。

はんにゃ・川島

缶詰のホタテを汁ごと使って、旨みたっぷりの炊き込みごはんを作ります。ホタテやじゃこの旨みにしょうがの香りがマッチして、いくらでも食べれちゃう美味しさです。

# ねぎま汁

第1章 ご当地自慢レシピ　魚

静岡　東京

### 材料（2人分）
- マグロ（さく）……1さく
- 長ねぎ……2本
- A
  - だし汁……500ml
  - しょうゆ……50ml
  - 酒……50ml
  - みりん……50ml
  - 白だし……50ml
- ゆずまたはレモン……適宜
- 七味唐辛子……適宜

### 作り方
1. マグロは幅2cm程度のぶつ切りにする。
2. 長ねぎは3cm程の長さに切り、フライパンで焼き色をつける。
3. 鍋にAの調味料を入れて火にかけ、沸いてきたら1のマグロと2の長ねぎを加える。
4. 長ねぎがやわらかく煮えたら器に盛り、ゆずの皮または輪切りにしたレモンを飾る。お好みで七味唐辛子をかける。

犬の心・いけや

> 僕の地元である静岡は、焼津漁港などマグロで有名。そこで、マグロを使った椀物を紹介します。ほんのり甘いだし汁が特徴で、芸人仲間からも「あれ作って！」とリクエストの多い一品です。

## 愛知 変わり天むす

**材料（4人分）**

- カニカマ──2本
- ちくわ──1本
- A
  - 天ぷら粉──1カップ
  - 水──1/2カップ
  - めんつゆ──大さじ1
- ごま油──大さじ1
- めんつゆ──大さじ2
- ごはん──適量
- B
  - ゆかり──大さじ1
  - 大葉──2枚
- C
  - 野沢菜──1本
  - 白ごま──適量
- D
  - 天かす──大さじ2
  - 桜海老──大さじ1
  - 青のり──大さじ1
  - めんつゆ──大さじ1〜2

**作り方**

1. カニカマとちくわは3〜4cm長さに切る。Aの材料を混ぜ合わた天ぷら衣にくぐらせ、揚げ油でカラリと揚げる。揚がったら熱いうちにごま油を混ぜためんつゆにサッとくぐらせる。
2. Bの大葉はせん切り、Cの野沢菜は細かく刻む。Dの天かすはめんつゆにひたしておく。

第1章 ご当地自慢レシピ 魚

> 名古屋めしのひとつである「天むす」をアレンジしてみました。カニカマ、ちくわ、桜海老と3種類の天むすは見た目の彩りもキレイで、お弁当にぴったりですよ！

3 3つの器にごはんをそれぞれよそい、B〜Dの材料をそれぞれ入れて3種類の混ぜごはんを作る。
4 BとCのごはんは1の天ぷらを具にして小さめのおむすびを握る。Dはそのまま小さめに握り、黒ごま（分量外）をちらす。

ボルサリーノ・関

# 鮭いくら親子コロッケ

## 材料（2人分）

- 里いも（中）……3個
- 玉ねぎ……1/6個
- 鮭フレーク……大さじ4
- いくら……適量
- A
  - コンソメ（顆粒）……少々
  - 塩・こしょう……各少々
- 小麦粉……適量
- 卵……1個
- パン粉……適量
- 揚げ油……適量

## 作り方

1. 里いもは皮をむき、水からゆでる。やわらかくなったら取り出し、ボウルに入れて潰す。
2. 玉ねぎはみじん切りにして、電子レンジで加熱する。1のボウルに玉ねぎと鮭フレーク、Aの調味料を加え全体を混ぜ合わせる。
3. 2のボウルを4～6個に分け、丸い形に成形し、おにぎりを作る要領で真ん中にいくらを入れる。小麦粉→卵→パン粉の順に衣を付ける。
4. 3のコロッケを170～180℃にした揚げ油できつね色になるまでカラリと揚げる。

第1章 ご当地自慢レシピ　魚

ボルサリーノ・関

北海道名物である鮭といくらを使ってほっくりサクサクのコロッケを。ポイントはじゃがいもではなく、里いもを使うこと。鮭との相性もよく、ねっとりとした食感がたまりません。

福井

福井県住みます芸人
**飯めしあがれこにお**

> 福井県を代表する料理「へしこ」。塩漬けのサバをぬか漬けにしたもので、独特な香りがウマいんです。これに僕の地元おおい町のきゅうり、なす、しょうがが入ったしょうゆ漬けの漬物が最高に合うんですよ〜！

## へしこと名田庄漬のお茶漬け

**材料（2人分）**
- ごはん……2膳分
- サバへしこ……1/2本
- 名田庄漬……1/2袋
  ※ない場合はきゅうりの漬物で代用可
- お茶……適量
- あられ……適量
- 刻み海苔……適量

**作り方**

1 食べやすい大きさにスライスしたへしこを、フライパンで2分ほど両面をあぶる。

2 名田庄漬は食べやすい大きさに刻む。

3 器にごはんを盛り、1のへしこと2の漬物をのせ、お茶をかける。あられと刻み海苔を散らす。

> だしソムリエの僕から言わせてください！ これこそだし茶漬けにしてもきっと美味しいですよ！ ちなみに、旨みがたっぷりなへしこは、にんにく＆唐辛子でペペロンチーノとかにも合いそうな気がする。すっごく使ってみたい食材だな〜。

はんにゃ・川島

**東京都住みます芸人**
キャベツ確認中

我が家の自慢料理であるカレイの煮付け。こだわりはスライスしたしょうがとおろししょうがをダブルで使うこと！ しょうがの風味が立って甘い煮汁の味がしまります。ごはんとの相性もバツグンです。

第1章 ご当地自慢レシピ 魚

## 江戸前カレイでWしょうがの煮付け

**作り方**

1 カレイを水洗いし、下処理する。表側の皮に包丁で切り目を入れ、味を染み込みやすくする。
2 しょうがは1かけは薄切りに、1かけはすりおろす。
3 鍋にAの調味料と2のしょうがを入れ、火にかける。沸いてきたら1のカレイを入れて煮る。このとき、フライパンにアルミホイルをかぶせて落としぶたにする。

4 煮汁が1/3程度に煮詰まってきたら器に盛る。

**材料（2人分）**
カレイ……1尾
（江戸前カレイ使用）

A
- しょうゆ……大さじ2
- 酒……大さじ2
- みりん……大さじ2
- 砂糖……小さじ2
- 水……50ml

しょうが……2かけ

# きりたんぽの ロールキャベツ

秋田

# 第1章 ご当地自慢レシピ　野菜

## 材料（6個分）

A
- 合びき肉……200g
- 玉ねぎ（みじん切り）……1/2個
- 卵……1個
- コンソメ（顆粒）……小さじ1/2
- パン粉……大さじ4
- ナツメグ……少々
- 塩・こしょう……各少々

- きりたんぽ……2本
- プロセスチーズ……40g
- キャベツ（葉）……6枚
- サワークリーム……50g（1/2パック）
- いぶりがっこ……20g

【トマトソース】
- トマト缶……1缶（300g）
- しめじ……1/2パック
- 水……150ml
- コンソメ（顆粒）……小さじ2
- ケチャップ、中濃ソース、オイスターソース……各大さじ1
- 塩・こしょう……少々
- ローリエ……1枚

## 作り方

1. きりたんぽを3等分に切り、穴に切ったプロセスチーズを詰める。
2. 肉だねを作る。ボウルにAの材料を入れ、粘りが出るまでこねて1のきりたんぽをくるむようにぐるりとつけていく。
3. キャベツの葉はサッとゆで、芯の部分をそぎ、軽く水気をふいてから2の肉だねを包み、はずれないように竹串をさしておく。
4. 鍋にトマトソースの材料と3のロールキャベツを入れて火にかけ、沸いてきたら弱火にして1時間ほど煮込む。
5. いぶりがっこは刻んでサワークリームと混ぜ合わせておく。器に4を盛り、いぶりがっこサワークリームをかける。

> 秋田の名物のきりたんぽ＆いぶりがっこ。どちらも純和風の食材ですが、敢えて洋食にアレンジ。トマトソース＆チーズと意外と合うんです！　食べごたえ抜群のボリュームメニューですよ。

ボルサリーノ・関

京都

# 京野菜の<br>はんなりだしピクルス

### 材料（食べやすい分量）

むらさき大根……1/2本
京にんじん……1本
プチトマト……6個
ペコロス（小玉ねぎ）……6個

【ピクルス液】
一番だし……400ml
米酢……125ml
きび砂糖……30g
ローリエ……3枚
ピンクペッパー……小さじ1弱

### 作り方

1 鍋にピクルス液の材料をすべて入れ、弱火にかける。砂糖が溶けたら火からおろす。（※液を沸騰させないことがポイント！）

2 野菜を準備する。野菜類は洗ってからしっかり水気をふく。むらさき大根は半月切りに、京にんじんは乱切りにする。プチトマトはへたを取り、ペコロスは皮をむく。

3 煮沸消毒した保存容器に2の野菜を入れて1のピクルス液を注ぎ、冷蔵庫で最低でも半日ほどおく。（※そのまま2〜3日で食べきること。野菜を途中で足してもよいが、その場合は菌が繁殖しないようにピクルス液に火を入れること）

第1章 ご当地自慢レシピ 野菜

はんにゃ・川島

すっぱいものが得意ではない僕好みに仕上げた、だしがきいた甘口はんなり味のピクルス。2歳の娘も大好物でモリモリ食べます。パプリカやきゅうりなどの野菜も食べやすく、おすすめですよ。

# ヘルシーおから野菜寿司

高知

## 材料（10個分）

- 油揚げ（長方形のもの）……5枚
- A
  - 水……300cc
  - 酒、しょうゆ、みりん、砂糖……各大さじ3
- おから　300g
- すし酢……大さじ4
- カリカリ梅……5個
- ひじき（ゆで）……大さじ4

【トッピング】
- 漬物類（ナス、白菜、新しょうがなど）
- 薬味類（大葉、三つ葉、ごまなど）
- 野菜類（ゆでた枝豆やオクラ、みょうが、とんぶりなど）

## 作り方

1. 油揚げを半分に切り、口を開いてから湯をかけて油抜きする。鍋にAの調味料を入れ、沸いてきたら油揚げを加えて煮る。味が染みたらそのままあら熱を取る。
2. いなりに詰めるおからを作る。鍋でおからをから炒りし、刻んだカリカリ梅とざく切りにしたひじき、すし酢を加えて全体を混ぜ合わせる。
3. 1の油揚げを開き、2のおからを詰め、切り口の部分を折りたたみ見栄えをよくする。好きな具材を彩りよくトッピングする。

第1章 ご当地自慢レシピ　野菜

高知に「野菜寿司」というご当地料理があると聞き、私なりのアレンジを加えて、おからを使ってよりヘルシーに仕上げてみました。見た目が華やかなのでパーティーにもいいですね〜！

ボルサリーノ・関

茨城

# 納豆うま煮

## 材料（2人分）

納豆（タレも使用）……1パック
一番だし……400ml
小松菜……3株
にんじん……1/2本
大根……7cm分
しめじ……1/2パック

## 作り方

1. 小松菜は3〜4cmのざく切りにする。にんじんと大根は皮をむいていちょう切りにする。しめじは石づきを落として食べやすくほぐす。
2. 鍋に一番だしと納豆のタレを入れ火にかけ、湧いてきたら、そこに1のにんじんと大根を入れる。やわらかくなったら小松菜としめじを加え、ひと煮立ちさせる。
3. 納豆を混ぜながら2に加えて、全体が混ざったら火を止める。（納豆の風味が飛ぶのであまり煮立たせないこと）

第1章 ご当地自慢レシピ　野菜

はんにゃ・川島

我が家の定番メニューであるこの一品は、茨城の名物の納豆がいい仕事をするんです！　一番だしのスッキリだし汁に納豆の香りと旨みがいい感じに絡みます。鶏肉や白身魚を加えても美味しいですよ。

第1章 ご当地自慢レシピ 野菜

岐阜

# お新香ステーキ

材料（2人分）

白菜浅漬け／
　野沢菜などの漬物……1/2袋
バター……10g
卵……2個
A ┌ 一番だし汁……60ml
　├ しょうゆ……小さじ1
　└ みりん……小さじ1
かつおぶし……適量
紅しょうが／
　七味唐辛子など……お好みで

作り方

1. 漬物は水気をしっかり切ってしぼってから、ざく切りにする。
2. フライパン（スキレット）にバターを溶かし、1の漬物を炒める。
3. ボウルに卵を割りほぐし、Aの調味料を加えて混ぜ合わせる。2の漬物を中央によせ、卵液を円を描くように注ぎ、半熟状の卵とじにする。
4. 上にかつおぶしを散らし、お好みで紅しょうがや七味唐辛子を添える。

はんにゃ・川島

仕事で岐阜の飛騨に行ったときに「なにこれ！ウマい！」と感激したご当地料理。もともと卵とじが大好きな僕にとって衝撃の味でした。冷蔵庫に余りがちなお新香の使えるアレンジレシピですよ〜！

岡山

**岡山県住みます芸人**
江西あきよし

岡山の美味しい黄ニラがたっぷり食べられるピザ。のりの佃煮ソースが意外にもチーズと合っていて、とっても美味しいです！！

## 黄ニラのシャキシャキおいぴーザ

### 材料（2人分）

ピザ生地……1枚
黄ニラ……1/2束
※ない場合は白髪ねぎで代用
ピザ用チーズ……50g
のりの佃煮……大さじ3
マヨネーズ……大さじ3
枝豆（豆のみ）……大さじ3
もち……適量

### 作り方

1 黄ニラは5cm幅に切る。のりの佃煮とマヨネーズを混ぜてソースを作る。もちは1cm角に切る。
2 ピザの生地に1のソースをぬる。このとき、生地のヘリまでしっかりぬる。

3 2の上にピザ用チーズを広げ、1のもちと枝豆をのせる。200℃に温めたオーブンで5分ほど焼く。（もう一度焼くので焼きすぎに注意！）
4 もちがやわらかくなったら、1の黄ニラをピザの上に広げてさらに10分ほど焼き上げる。

ピザ＝トマトソースという常識に捉われていない部分が斬新でいいですね。しかも、のりの佃煮というのは冷蔵庫の中であまりがちな食材。それを一撃で処理できちゃうっていうのは食材を無駄なく食べる意味でも素晴らしい！

犬の心・いけや

**広島県住みます芸人**
**松浜心**

広島が誇る漬物「広島菜」で絶品炒飯に！
広島菜のおかげで味付けも必要なし！

# 広島菜チャーハン

### 材料（2人分）

広島菜……1/2袋
※なければ青菜の漬物で代用可

ごはん……2膳分
卵……1個
玉ねぎ……1/2個
スライスベーコン……3～4枚
サラダ油……適量

### 作り方

1. 広島菜は水気をしぼり、食べやすい大きさにざく切りする。玉ねぎはあらみじん切りに、スライスベーコンは1cm角に切る。
2. フライパンにサラダ油をひき、割りほぐした卵を入れ、一度取り出す。そこに1の具材を入れ、炒める。
3. 2にごはんと取り出しておいた卵を入れ、全体を炒め合わせる。味付けが足りなければ鍋肌からしょうゆ（分量外）を回しかける。

**石川県住みます芸人**
**ぶんぶんボウル**

加賀野菜のひとつ『加賀太きゅうり』を使った副菜。簡単なのにめちゃうま！

# 加賀太きゅうりの梅肉和え

### 材料（作りやすい分量）

加賀太きゅうり……1本
※なければ普通のきゅうりで代用可

A ┌ ごま油……大さじ1～2
　├ 梅肉……小さじ1
　└ うまみ調味料……少々

### 作り方

1. 加賀太きゅうりは皮をむき、ひと口大に乱切りする。
2. ボウルにAの調味料を混ぜ合わせ、そこに1のきゅうりを加えて全体を和える。

第1章 ご当地自慢レシピ　野菜

# 味噌おでん

愛知

第1章 ご当地自慢レシピ　鍋

## 材料（4人分）
- 水 —— 1000ml
- 和風だしの素 —— 4〜6g
- 赤味噌 —— 大さじ5
- ザラメ —— 大さじ1〜2
- 牛すじ肉 —— 200g
- 大根 —— 1/2本
- 里いも —— 4個
- ゆで卵 —— 4個
- こんにゃく —— 1枚
- 厚揚げ —— 2枚

## 作り方
1. 牛すじ肉はたっぷりの湯で2回ほどゆでこぼし、食べやすく切って串に差す。
2. 大根は皮をむいて半月切り、里いもは皮をむく。こんにゃくは適当な大きさに切ってあく抜きし、それぞれ串に差す。
3. 鍋に**1**の牛すじ肉と水を入れ、沸いてきたら弱火にして1時間ほど煮込む。
4. **3**に和風だしの素と赤味噌、ザラメを入れ混ぜ合わせ、そのほかの具材を加えてさらに30分ほど煮込む。
5. 一度火を止めて冷まし、食べる前に温め直す。

> 名古屋の鍋と言ったら、やっぱり赤味噌を使った味噌おでん。煮物は冷めるときに味が入っていくので、一度冷ましてからまた温め直すとしっかり味が染みたおでんになります。

ボルサリーノ・関

東京

# 塩バターちゃんこ鍋

第1章 ご当地自慢レシピ 鍋

### 材料（4人分）

- 豚バラ薄切り肉……150g
- 白菜……3〜4枚
- 長ねぎ……1本
- 水菜……1束
- えのき……1/2袋
- 豆腐……1/2丁
- A
  - 手羽先……5本
  - 水……1200ml
  - 和風だしの素……4g
  - 塩……小さじ1
- バター……20g
- にんにく（すりおろし）……小さじ1
- 粗びきこしょう……適量

【つくね】
- 鶏ひき肉……200g
- 長ねぎ（みじん切り）……4〜5cm分
- にんにく（すりおろし）……小さじ1/2
- しょうが（すりおろし）……小さじ1
- 片栗粉……小さじ1
- 塩……小さじ1/2

### 作り方

1. つくねを作る。ボウルに材料を入れ、粘りが出るまでしっかり混ぜる。
2. 具材を準備する。豚バラ肉は4〜5cm幅に切り、白菜はななめそぎ切り、長ねぎはななめ薄切り、水菜は4〜5cm幅に切る。えのきは根元を落として食べやすくほぐす。豆腐は食べやすい大きさに切る。
3. 鍋にAの材料を入れ、沸いてきたら1のつくねをスプーンですくいながら団子状にして加えていく。ひと煮立ちしたら2の具材を入れて火にかける。
4. 具材に火が通ったら、仕上げにバターとにんにくすりおろしを加え、上から粗びきこしょうをかける。

犬の心・いけや

僕の十八番の鍋と言えばこれ！ スッキリしているのに深みのあるスープの秘密は、魚介だし＆鶏だしのダブルだしにあり！ 一度食べたら、ほかの鍋は食べられなくなるほど絶品です！

## 岡山
# そずり鍋

### 材料（4人分）
- A
  - 一番だし……600ml
  - しょうゆ、みりん、酒……各大さじ2
- 牛そずり肉（切り落としでも可）……200g
- ごぼう……1本
- にんじん……1本
- 水菜……1束
- 長ねぎ……1本
- 豆腐……1丁
- こんにゃく……1枚

### 作り方
1. 具材を準備する。ごぼうとにんじんは皮をむいてささがきに、水菜は4～5cm幅に、長ねぎはななめ薄切りにする。こんにゃくはひと口大にちぎり、あく抜きする。豆腐は食べやすい大きさに切る。
2. 鍋にAを入れ火にかける。沸いてきたら、牛肉と1の具材を加え、火にかける。
3. 〆はカレー粉（小さじ1）を入れ、ごはんや麺などを入れる。

> 岡山の津山地方に伝わる郷土料理。そずりとはあばらのまわりに残る肉を削ったもので、甘辛いだし汁にたっぷりゴボウがよく合う！ 〆にはぜひカレー粉を入れてみて！ 味の変化が楽しめます。

はんにゃ・川島

第1章 ご当地自慢レシピ　鍋

**特別コラム 料理芸人座談会**

＼ご当地ものって魅力が尽きない！／
# 料理人心をくすぐる、郷土料理＆食材

この本に登場する3人の料理芸人が集まり、
料理へのこだわりやご当地料理について語り合ってもらいました！
・・・

―― 自分の料理の特徴を教えてください。

**関**　私は家庭的な料理を大事にしているかな。家にあるもので作れたり、食材を使い回せたり、「無理をしない料理」がいちばんだと思うの。

**いけや**　その気持ち、わかります。時間をかければ誰でも美味しいものは作れる。そこをどれだけ時間かけずに本物の味に近づけられるか、僕はそれをいつも追求しています。

ボルサリーノ・関

**川島**　確かにいけやさんは「速さとテクニック満載」というイメージありますね。僕はおじいちゃんが京都で割烹料理人だったこともあって、だしに興味あった。だしソムリエは4級から始めて4年かけて1級を取得したんです。だしが違えば、料理の味は格段にウマくなる！　嫁にも「料理には口を出さないけど、だしだけはきちんと取ってくれ」と言ってます。

―― ご当地料理についてはどうでしょう？

**関**　基本的に、昔から言い伝わっていることって全部何かしらの意味があると思う。郷土料理もまさにそう。昔からその地方で食べ続けられた料理だから、それだけ愛されている。だから美味しいわけで。

はんにゃ・川島

**川島**　そうなんです。その土地で愛されている料理は美味しい！仕事で知らない土地に行ったときはその土地の名産を食べるようにしています。例えば、「お新香ステーキ」（P42-43）もそう。そこに自分なりのアレンジを加えるのが楽しいんです。

**いけや**　それ、わかるわ〜。例えば、沖縄のタコライスを「コレとコレでこうやったら家で簡単にできるかも」と作ってみたのが「五目豆でかんたん！タコライス」（P16-17）だからね。

**川島**　今回、関さんの「味噌おでん」（P46-47）も美味しかった！　赤味噌なんだけどそんなに味が濃くなくてちょうどいい塩梅で。これを機会に赤味噌を買ってみようと思いました。

**関**　今日、料理に使った赤味噌、持って帰っていいよ（笑）。

**いけや**　だしソムリエの次は「味噌ムリエ」になってるかもね（笑）。

犬の心・いけや

# 2章 みんなで作る「究極」レシピ

パスタ、サンドイッチ、卵かけごはん（通称TKG）。
みんな大好きなこの定番3品のメニューで、自分が思う
「もっとも美味しい究極のレシピ」を発表してもらいました。
また、TKGに欠かせない「だししょうゆ」の作り方や
住みます芸人が推薦する
ご当地調味料の紹介などもあわせて掲載。

静岡

# わさび鮭クリームパスタ

## 材料（2人分）

- パスタ……200g
- 生食用サーモン……1さく（150g）
- オリーブオイル……大さじ1
- いくら……適量
- 玉ねぎ……1/4個
- A
  - 牛乳……200ml
  - 生クリーム……200ml
  - わさび……小さじ1
  - 昆布茶（粉末）……小さじ3
  - 塩……ひとつまみ
  - バター……20g
- イタリアンパセリ……適宜

## 作り方

1. サーモンと玉ねぎは薄切りにする。
2. フライパンにオリーブオイルを熱し、1のサーモンを焼き、表面に軽く色を付ける。
3. サーモンを取り出し、1の玉ねぎを炒め、しんなりしてきたらAを入れて煮立てる。
4. たっぷりの湯でパスタをゆでたら、3に加え、全体を絡めて乳化させる。
5. 器に盛り、取り出しておいたサーモンを飾り、イタリアンパセリを散らしてからいくらをのせる。

第2章 みんなで作る「究極レシピ」 パスタ

犬の心・いけや

地元静岡の特産わさびをパスタに使ってみました。これね、シンプルなのに、めっちゃ美味しいの！クリーミーなソースにわさびのさわやかな風味がよく合い、全体が引き締まります。

神奈川

# しらすと水菜のペペロンチーノ

第2章 みんなで作る「究極レシピ」 パスタ

**材料（2人分）**

- パスタ……150g
- しらす……30g
- 水菜……1束
- プチトマト……5個
- オリーブオイル……大さじ5
- にんにく（みじん切り）……1かけ
- 鷹の爪……1本
- 昆布茶……小さじ1
- 塩・こしょう……各適量

**作り方**

1. 水菜は7cm幅に切り、プチトマトはへたを取って半分に切る。
2. フライパンにみじん切りにしたにんにくとオリーブオイルを入れ、弱火にしてオイルに香りをうつす。オイルがふつふつとして来たら、鷹の爪としらすを加え、弱火でじっくりと炒める。そこに昆布茶、1のプチトマトと水菜の半量を加えて全体をなじませる。
3. 鍋にたっぷり湯を沸かし、パスタをゆで、2のフライパンに入れ、塩・こしょうで味を調える。このとき、ゆで汁を少しずつ加え、フライパンをゆすって乳化させる。ゆで汁の量は乳化具合を見て調整する。
4. 器に盛り、1で取っておいた水菜の半量を散らす。

はんにゃ・川島

嫁に最初に作ってあげた思い出の料理がこれ。神奈川・湘南の名産しらすが味の決め手。味には自信がありますよ！ ポイントは隠し味の昆布茶としっかり乳化させることです。

マジョラムさん

トマトの赤、インゲン豆の緑、玉ねぎの紫、パプリカの黄色と、カラフルな彩りのパスタです。野菜たっぷり摂れるのがうれしいですね♪

# 夏野菜のカラフルパスタ

材料（2人分）

パスタ……200g
ベーコン……4〜6枚
パプリカ（黄）……1/2個
紫玉ねぎ……1/2個
インゲン豆……4〜6本
オリーブオイル……適量
にんにく（みじん切り）……2片
ミニトマト……4〜6個
コンソメ（顆粒）……大さじ1
粗びきこしょう……適宜

作り方

1 ベーコンとパプリカ、紫玉ねぎは食べやすい大きさに切る。鍋でパスタをゆで、その横で一緒にインゲン豆も下ゆでする。

2 フライパンにオリーブオイルとにんにくを入れ、香りが出たら1の材料を入れて炒める。

3 2の野菜がしんなりしてきたら、1のパスタを加え、全体を混ぜ合わせる。

4 3のフライパンにコンソメと粗びきこしょうを入れ、味を調える。器に盛り、食べやすく切ったミニトマトを散らす。

昔から「身土不二（しんどふじ）」という言葉があるように、その土地でその季節にとれたものを食べるのは体によいとされています。夏は食欲が落ちるから、こんな風に旬のカラフルな野菜をたくさん使っているのはいいですね〜!

ボルサリーノ・関

ともきーさん

学生時代にバイトしていた喫茶店のレシピ。前日にパスタをゆでておくのがポイント。

## こってりナポリタン

材料（2人分）

パスタ──200g
ベーコン──4〜5枚
玉ねぎ──1/4個
ピーマン──1個
オリーブオイル──適量
A ┌ ケチャップ──大さじ5
　│ ウスターソース──大さじ1
　└ 砂糖──大さじ2

作り方

1. パスタは前の日にゆで、オリーブオイルを絡めておく。
2. ベーコンは3〜4cm幅に切り、玉ねぎとピーマンは薄切りにする。
3. フライパンに多めのオリーブオイル入れ、2の具材を炒める。火が通ったら、1のパスタを入れ、全体を絡める。このときに少しお湯を入れるとほぐれやすい。Aの調味料を加え、全体をよく混ぜ合わせる。

ポッキーさん

いつもの鮭のパスタに香菜（パクチー）を振りかけたらことのほか、美味しかった！

## 鮭とパクチーのパスタ

材料（2人分）

パスタ──180g　　オリーブオイル──適量
塩鮭──2切れ　　ハーブソルト
エリンギ──4本　　（ガーリック＆
えのき──1/2パック　オニオン風味）──適量
にんにく──2片　　パクチー（乾燥）──適量
豆乳──100cc

作り方

1. 塩鮭はグリルで焼いて骨と皮を外して食べやすい大きさにほぐす。エリンギは薄切り、えのきは根元を切り落とし、食べやすい大きさに切る。にんにくは粗みじんに切る。
2. 鍋に湯を沸かし、塩（分量外）を加え、パスタを表示の時間より1分ほど短くゆでる。
3. フライパンにオリーブオイルとにんにくを入れ1のエリンギとえのきを炒める。火が通ったら1の鮭と豆乳を加えて全体をなじませる。
4. 3に2のパスタを加えて、ハーブソルトで味を調える。器に盛り、パクチーをたっぷり振る。

第2章 みんなで作る「究極レシピ」パスタ

グリーンアップルさん

冷蔵庫にあるものをフライパン1つで！ ささみと塩昆布の旨みが利いた和風パスタです。

## 究極の冷蔵庫掃除パスタ！

### 材料（2人分）

| | |
|---|---|
| パスタ——200g | めんつゆ（濃縮2倍） |
| 鶏ささみ——2本 | ——大さじ6 |
| キャベツ——4～6枚 | バター——20g |
| にんじん——2/3本 | 塩——適量 |
| アスパラガス——4本 | 胡椒——適量 |
| 塩昆布——大さじ2 | 刻みのり——適量 |

### 作り方

1. 野菜は食べやすい大きさに切る。
2. フライパンに湯を沸かし、塩小さじ1を入れて、ささみをゆでたら、おたま1杯分のゆで汁をとっておく。そこに湯を足して、パスタとにんじんをゆで、ザルにあげる。
3. 空になったフライパンに、2のゆで汁と塩昆布、めんつゆを混ぜ、ささみ以外の具材を加え、ふたをして約3分ほど蒸し煮にする。
4. ささみは食べやすくほぐし、バターとともに3に入れ、塩・こしょうで味を調える。

和歌山

和歌山県住みます芸人
わんだーらんど

そのまま食べても美味しいあら川の桃。オリーブオイルや生ハムとも相性バツグン！

## あら川の桃と生ハムの冷製スパゲティ

### 材料（2人分）

| | |
|---|---|
| あら川の桃——2個 | オリーブオイル |
| 生ハム——6枚 | ——大さじ6 |
| 玉ねぎ——1/2個 | A 酢——大さじ2 |
| ミニトマト——2個 | めんつゆ——少々 |
| パスタ（1.4mm） | 塩——少々 |
| ——200g | 黒こしょう——少々 |

### 作り方

1. ボウルにAの調味料を入れ、よく混ぜ合わせておく。そこに皮をむいてスライスした桃、ヘタをとり8等分にしたミニトマト、スライスした玉ねぎを加えよくまぜ、冷蔵庫で冷やしておく。
2. 鍋でパスタを袋の記載時間より気持ち長めにゆで、氷水でしめる。
3. 1に2のパスタを加え、全体をよく和える。器に盛り、生ハムをのせて、黒こしょうをかけ、お好みでレモンをしぼる。

第2章 みんなで作る「究極レシピ」パスタ

島根

島根県住みます芸人
奥村隼也

山陰名物の「白イカ」の歯ごたえ、あごの焼の旨み、爽やかなレモンの香りが最高です!

## 白イカと あごの焼きパスタ

**材料(2人分)**

- パスタ……200g
- 白イカ(生食用)……2はい
- あごの焼き(竹輪でも可)……1本
- にんにく(薄切り)……2片
- オリーブオイル……適量
- 鷹の爪……1〜2本
- A [ あごだし……小さじ4 / 塩……少々 ]
- 大葉……2〜3枚
- レモンの皮……適宜

**作り方**

1. 白イカは内臓をとり、キレイに洗って皮をむき、細切りにする。鍋にたっぷりの湯を沸かし、塩(分量外)を加え、パスタをゆでる。
2. フライパンにオリーブオイルとにんにくを熱し、香りが出たら鷹の爪を入れる。そこにパスタのゆで汁40ccとAを加える。
3. 2にパスタを入れ、ソースを絡めてから1の白イカと薄切りにしたあごの焼きを入れ混ぜる。
4. 器に盛り、せん切りにした大葉をのせ、レモンの皮をけずって散らす。

栃木

栃木県住みます芸人
上原チョー

ニラの生産が全国でも多い栃木県。四川風のピリ辛とニラがパスタに合うんです!

## ニラの四川風パスタ

**材料(2人分)**

- パスタ……200g
- 麻婆豆腐の素(レトルト)……2袋
- 豚ひき肉……100g
- ニラ……1わ
- 白髪ねぎ……1/2本分
- ごま油……適量

**作り方**

1. 鍋に湯を沸かし、パスタをゆでる。
2. フライパンでひき肉を弱火で炒め、レトルトの麻婆豆腐の素を入れて混ぜる。パスタがゆで上がる直前に5cm幅に切ったニラを加えてさらに混ぜ合わせる。
3. 2のフライパンにパスタを加え、全体を絡め、ニラがしんなりしてきたら器に盛る。
4. 食べる前にごま油(ラー油でも可)を回しかけ、白髪ねぎをのせる。

鳥取

# わんぱくカツサンド

第2章 みんなで作る「究極レシピ」 サンドイッチ

**材料（2人分）**

食パン……4枚
豚バラスライス……200g
小麦粉……50g
卵……1個
パン粉……100g
揚げ油……適量

A [ ウスターソース……80ml
  ケチャップ……大さじ2
  赤ワイン……50ml ]

キャベツ（葉）……4枚

【なんちゃってタルタル】
卵……3個
らっきょう……5～6粒
マヨネーズ……大さじ3
レモン汁……少々
塩・こしょう……適量

**作り方**

1. フライパンにAの調味料を入れ、ひと煮立ちしたらバットに広げる。
2. なんちゃってタルタルを作る。フライパンに割りほぐした卵を入れ、いり卵を作る。ボウルにあけ、みじん切りにしたらっきょうとマヨネーズを加えて混ぜ合わせ、レモン汁と塩・こしょうで味を調える。
3. カツを作る。豚バラ肉は一枚ずつにばらさず、正方形になるように半分に切る。小麦粉→卵→パン粉の順で衣をつけ、170～180℃に熱した揚げ油でカラリと揚げる。
4. 1の液に揚げたての3のカツをくぐらせ、パンの上にのせる。上に2のタルタルソースをたっぷりかけ、せん切りキャベツをのせもう一枚のパンでサンドする。

> ボリューム満点のわんぱくサンドは萌える断面＝萌え断がたまりません！ 鳥取の名産のらっきょうで簡単に作れる「なんちゃってタルタル」も名わき役という感じでウマいですよ〜。

犬の心・いけや

63

宮城

宮城県住みます芸人
**爆笑コメディアンズ**

> いつものツナサンドに、風味高い「仙台味噌」を加えるだけで驚きの美味しさに!

## たったひと手間!
## 究極のツナサンド

材料(2人分)
- 食パン……4枚
- ツナ(缶)……1缶
- A
  - マヨネーズ……大さじ1〜2
  - 仙台味噌……大さじ1/2
- ゆで卵……1個
- 玉ねぎ……1/4個
- アボカド……1/2個

作り方
1. 玉ねぎはみじん切りに、ゆで卵とアボカドはざく切りにする。
2. ボウルに油を切ったツナ、1の材料、Aの調味料を入れ、全体を混ぜ合わせる。
3. 食パンの上に2をのせ、もう一枚のパンでサンドする。

---

大阪

大阪府住みます芸人
**span!**

> フワフワなお好み焼きとシャキシャキのキャベツの食感、ソース&マヨの相性も最高!

## お好み焼きサンド

材料(2人分)
- キャベツ……1/6個
- 青ねぎ……5本
- A
  - 小麦粉……1/2カップ
  - 卵……2個
  - 和風だしの素……小さじ1/2
  - 水……50cc
- 食パン……4枚
- B
  - マヨネーズ……大さじ2
  - お好み焼ソース……大さじ2

作り方
1. キャベツはみじん切りに、青ねぎは小口切りにする。
2. ボウルにAの材料を入れて混ぜ合わせ、1の野菜を加え、お好み焼きの生地を作る。
3. フライパンで2を両面焼く。このとき、サンドするので薄めに作ること。
4. トーストした食パンの上に3をのせ、Bをかけて、もう一枚のパンでサンドする。

徳島

**徳島県住みます芸人**
キャンパスボーイ

徳島の魅力をぜ〜んぶ詰め込んでみました。れんこんなど野菜のシャキシャキがポイント。

## 阿波尾鶏のシャキシャキサンド

**材料（2人分）**

食パン……4枚
阿波尾鶏（もも）……1枚
塩・こしょう・一味……適量
鳴門金時……1/2本
すだち……1個
にんじん、きゅうり……各1/3本
れんこん……1/4節
プチトマト……2個
マヨネーズ……適量

**作り方**

1 鳴門金時は輪切りにして電子レンジで加熱する。すだちは輪切りに、にんじんときゅうりはせん切りに、れんこんは細かく角切りにし、マヨネーズと一味であえる。プチトマトはヘタを取り、半分に切る。
2 鶏肉は一枚肉の状態で、塩・こしょうをして、フライパンで両面を色よく焼く。
3 トーストしたパンの上に、1と2の具材をのせ、もう一枚のパンでサンドする。

山梨

**山梨県住みます芸人**
ぴっかり高木といしいそうたろう

桃の生産量日本一の山梨なので、贅沢にも桃をサンド！ シナモンとの相性もバツグン。

## シナモンたっぷり桃サンド

**材料（2人分）**

食パン……4枚
桃……2個
バター……適量
シナモン（粉）……適量

**作り方**

1 桃は皮をむいて薄切りにする。
2 食パンを軽くトーストし、バターをぬってから1の桃を並べる。
3 上からシナモンをふりかけ、もう一枚のパンでサンドする。

第2章 みんなで作る「究極レシピ」 サンドイッチ

aiaihanson さん

ツナを自家製で作るレシピです。ツナのオリーブオイルがパンに染みて美味しいですよ♪

## ♪自家製ツナの ブランパンサンドイッチ♪

### 材料（2人分）
| | |
|---|---|
| びんちょうマグロ —1さく | ブランパン —4枚 |
| オリーブオイル —適量 | ハム —2枚 |
| ハーブ類 —適宜 | レタス（葉）—4枚 |
| 塩・こしょう —各適量 | ゆで卵 —2個 |
| | ウインナー —1本 |

### 作り方
1. びんちょうマグロに塩を振り、10分ほどおき、余分な水気をクッキングペーパーでふく。
2. 鍋に1のマグロを入れ、マグロがかぶる程度のオリーブオイル、好みの味付けのハーブや調味料を入れ、弱火で加熱する。ふつふつと泡が出る程度でじっくり加熱したら、火から下ろして冷ます。
3. ブランパンに2のツナをオイルごとのせたら、レタス、ハム、ゆで卵、ウインナーなどのお好みの具材をのせて、もう一枚でサンドする。

Rie さん

どちらも具を多めに作っておくと便利。私はオムレツやパスタにも使っています。

## バジルポテト＆ ナスミンチホットサンド

### 材料（2人分）
| | |
|---|---|
| 食パン —4枚 | 豚ひき肉 —80g |
| じゃがいも —1個 | ナス —1本 |
| スライスベーコン —1/2枚 | B ［ ケチャップ、しょうゆ —小さじ1/2 コンソメ（粉）—少々 塩・こしょう —少々 ］ |
| A ［ バジル（乾）—適量 マヨネーズ —適量 ］ | |
| | ピザ用チーズ —1枚 |

### 作り方
1. バジルポテトを作る。じゃがいもは皮をむき、乱切りにして電子レンジで加熱する。ベーコンは1cm幅に切り、フライパンで炒める。ボウルにAの調味料とともに入れ、混ぜ合わせる。
2. ナスミンチを作る。フライパンで豚肉と輪切りにしたナスを炒め、Bで味をつける。
3. パンに1をはさんだもの、2とピザ用チーズをはさんだものの2種類を作り、フライパンで両面を色よく焼く。
4. 焼けたら対角線で切って、1種ずつ器に盛る。

dグルメ事務局さん

アメリカ、イタリア、ハワイの雰囲気をぜ〜んぶ詰め込んだ夢のサンドイッチ！

## ハワイタリアメリカンサンド！

### 材料（2人分）
- 食パン —— 4枚
- 鶏むね肉 —— 200g
- 玉ねぎ —— 1/2個
- パプリカ（赤）—— 1/2個
- チェダーチーズ —— 2枚
- レタス —— 2枚
- パイナップル、ピクルス —— 適宜
- A
  - ケチャップ —— 10g
  - マヨネーズ —— 10g
  - バジルクレイジーソルト —— 適量
- マスタード —— 適宜

### 作り方
1. 鶏むね肉は魚焼きグリルで両面を色よく焼き、薄切りにする。パプリカは輪切り、玉ねぎは薄切りにしてからフライパンで軽く炒める。
2. 食パンを焼き、熱いうちにチェダーチーズをのせて余熱で溶かす。
3. 器にAの調味料を入れ、お好みでマスタードも加え、オーロラソースを作る。
4. 2のパンの上に1のチキンと野菜、その他の具材をのせ、3のソースをかけ、もう一枚のパンでサンドする。

ミルメイさん

各自好きなものをはさんで勝手に食べる手抜きサンドです。夏休みのお昼ごはんにどうぞ。

## 好きなものをはさんで！夏休みサンドイッチ

### 材料（2人分）
- 食パン —— 4枚
- クリームチーズ —— 40g
- 生ハム —— 2枚
- きゅうり —— 1/2本
- マヨネーズ —— 適量
- 【アヒージョきのこ】
  - お好みのきのこ —— 2パック
  - オリーブオイル —— 適量
  - にんにく —— 1〜2かけ
  - 塩・こしょう —— 適量

### 作り方
1. アヒージョきのこを作る。小鍋にお好みのきのこ（写真は薄切りにしたマッシュルーム）を入れ、かぶるぐらいのオリーブオイルと、おろしにんにくを加えて煮立てる。
2. きゅうりは1cmの角切りにしてマヨネーズと和える。
3. それぞれの具材を皿にのせ、パンを添えて、好きな具材を好きなようにサンドする。

# 鉄板ナポTKG

## 第2章 みんなで作る「究極レシピ」 TKG

### 材料（2人分）

- ごはん……2膳分
- 卵……2個
- 赤ウインナー……4本
- 玉ねぎ……1/4個
- ピーマン……2個
- マッシュルーム（缶）……1缶
- ピザ用チーズ……50g

A
- ケチャップ……大さじ5
- ウスターソース……大さじ1
- コンソメ（粉）……小さじ1/2
- 塩・こしょう……各少々

サラダ油……適量

### 作り方

1. ウインナーは食べやすい大きさに切り、玉ねぎはみじん切り、ピーマンは輪切りにする。
2. フライパンにサラダ油をひき、1の具材を炒め、しんなりしてきたらごはんを加え、全体を混ぜ合わせる。
3. 2をフライパンの上の方によせ、空いたところにAのケチャップを入れ、少し炒めて香ばしさを出す。そこに残りのAの調味料を入れ混ぜて、上のごはんに絡めて炒める。
4. 真ん中にピザ用チーズをのせたら、ごはんでふたをするようにまとめ、フライパンの真ん中に寄せる。
5. 4に、割りほぐした卵を回し入れる。すぐに火から下ろし、卵に火が入るのを止める。（卵で巻いて食べるもよし、混ぜてしまってもよし、食べ方はお好みで）

名古屋のご当地グルメ「鉄板ナポリタン」にヒントを得た斬新な一品。オムライス？ いやいや、これは新スタイルのTKGなんです！ 卵を入れたらすぐ火から下ろすのがポイントですよ〜。

ボルサリーノ・関

青森

# 山かけ卵かけごはん

### 材料（2人分）
- 卵……2個
- 山いも……5cmほど（100g）
- A
  - めんつゆ……小さじ1
  - しょうゆ……小さじ1
- ごはん……2膳分
- かつおぶし……適量
- 刻み海苔……適量

### 作り方
1. 山いもは皮をむいてすりおろす。ボウルに入れ、Aの調味料を加えて混ぜ合わせる。
2. 茶碗にごはんを盛り、1の山いもをかける。
3. 上に卵を割り入れ、刻み海苔とかつおぶしをかける。お好みでしょうゆやめんつゆ（分量外）を足す。

第2章 みんなで作る「究極レシピ」TKG

犬の心・いけや

僕の中での定番の卵かけごはんと言えば「シンプル・イズ・ベスト！」なこの山かけスタイルです。青森名産の山いもをたっぷり使いましょう！ 最高にウマいので一度、ぜひ作ってみて！

きりきりんさん

まいたけの香りが立ったたまごかけごはん。マヨネーズで炒めるのがポイントです。

## まいたけTKG

**材料（2人分）**
まいたけ……2/3パック
マヨネーズ……小さじ1
しょうゆ……小さじ2
ごはん……2膳分
卵……2個
塩……少々
ラー油……適量

**作り方**
1 フライパンに食べやすくほぐしたまいたけとマヨネーズを入れて炒める。しんなりしてきたら、しょうゆを加えてさらに炒める。
2 茶碗にごはんを盛り、中央にくぼみを作り、卵を割り入れ、まわりに1のまいたけを盛る。上から塩とラー油をかける。

どどんさん

味噌&マヨでコクと甘みのあるタレを作り、大葉で爽やかさをプラス。にんにくが隠し味。

## 味噌だれ卵ごはん

**材料（2人分）**
A ［ 味噌……小さじ1
　　 マヨネーズ……小さじ1
　　 にんにくすりおろし……少々 ］
大葉……8枚
ごはん……2膳分
卵……2個

**作り方**
1 大葉はせん切りにする。
2 器にAの調味料を入れ、混ぜ合わせてタレを作る。
3 茶碗にごはんを盛り、中央にくぼみを作り、卵を割り入れる。1の大葉と2の味噌だれをかける。

まりみ0817さん

ちりめん山椒のピリ辛がやみつき。半分食べたらラー油で味を変える2段階方式！

## ちりめん山椒＆ラー油のTKG

**材料（2人分）**
ちりめん山椒……大さじ2
しょうゆ……適量
ラー油・白ごま……適宜
ごはん……2膳分
卵……2個

**作り方**

1 茶碗にごはんを盛り、中央にくぼみを作り、卵を割り入れる。ちりめん山椒を入れて、しょうゆをたらし、全体を混ぜ合わせてそのまま味わう。

2 半分食べたら、ラー油を数滴たらして、味を変える。お好みで白ごまを振ってもよい。

dグルメ事務局さん

タンパク質にかたよりがちなTKGでも、しっかり野菜を摂取できるヘルシーTKGです。

## メキシカン-サルサ-TKG

**材料（2人分）**
トマト……1/2個
玉ねぎ（小）……1/2個
パクチー……1わ
A ┌ タバスコ（緑）……適量
　 └ 塩・こしょう……適量
ごはん……2膳分
卵……2個

**作り方**

1 トマト、玉ねぎはみじん切りにする。パクチーも細かく刻む。

2 ボウルに1の野菜とAを加え、サルサソースを作る。

3 茶碗にごはんを盛り、中央にくぼみを作り、卵を割り入れる。2のサルサソースをまわりにのせる。

やーちゃん☆さん

冷や汁は豆乳で作るのがポイント。食欲のないときや二日酔いのときにもおすすめです。

## 冷や汁風卵かけごはん

材料（2人分）

ぬか漬け
　（きゅうり、大根、
　にんじんなど）——適量
しらす——ひとつかみ
みょうが——1本
大葉——4枚

A ｜ だししょうゆ——大さじ2
　　ごまペースト——小さじ2
　　味噌——小さじ1
　　豆乳——140ml

ごはん——2膳分
卵——2個

作り方

1. ぬか漬けは細かく刻む。みょうがはななめ薄切り、大葉はせん切りにする。
2. Aの調味料を混ぜて冷や汁を作る。
3. 茶碗にごはんを盛り、中央にくぼみを作り、卵を割り入れる。1のぬか漬け、みょうが、大葉、しらすをのせて、2の冷や汁をかける。

奈良

奈良県住みます芸人
十手リンジン

奈良漬けの豊潤な香りで卵かけごはんがグレードアップ！ ほうじ茶をかけても◎！

## 奈良漬け&ほうじ茶のTKG

材料（2人分）

奈良漬け——適量
しょうゆ——適量
梅干し——2個
ほうじ茶——300ml
ごはん——2膳分
卵——2個

作り方

1. 奈良漬けは薄切りにする。
2. 茶碗にごはんを盛り、中央にくぼみを作り、卵を割り入れ、1の奈良漬けと梅干を入れ、混ぜて食べる。
3. ほどよい所でほうじ茶を注ぎ、お茶漬けにして食べる。

**群馬県住みます芸人**
アンカンミンカン

> バター&しょうゆ&卵、それぞれがお互いを引き立たせてこれぞ究極のTKGだんべ！

## バターしょうゆの卵かけごはん

**材料（2人分）**

神津ジャージーバター……大さじ1
※普通のバターで代用可

バタめししょうゆ……適量
※しょうゆで代用可

ごはん……2膳分
卵……2個

**作り方**

1 茶碗にごはんを盛り、中央にくぼみを作り、卵を割り入れる。
2 1にバターをのせ、バタめししょうゆを回しかける。

---

**福岡県住みます芸人**
ぶんぶん丸

> 有明海の海苔使用の「のりクロ」は柚子こしょう風味のペースト。卵との相性が最高ばい！

## のりクロTKG

**材料（2人分）**

のりクロ……適量
※のりの佃煮と柚子こしょうで代用可

ごはん……2膳分
卵……2個

**作り方**

1 茶碗にごはんを盛り、中央にくぼみを作り、卵を割り入れる。
2 のりクロを入れ、全体をかき混ぜる。

第2章 みんなで作る「究極レシピ」TKG

北海道　大分　静岡

# 自家製だししょうゆ

はんにゃ・川島

北海道の昆布、大分のしいたけ、静岡の桜海老と、いろんな乾物の旨みがたっぷり。ポイントはかつおぶしを入れるタイミング。雑味が出る前にサッと旨みだけをプラスします。

**材料（作りやすい分量）**

A ┃ しょうゆ……250ml
　 ┃ 酒、みりん……各50ml
昆布……15g
桜海老……5g
干ししいたけ……1～2個
花かつお……10g

**作り方**

1 鍋にAの材料を入れ、花かつお以外の乾物を加えてひと晩寝かす。
2 1を火にかけ沸騰したら火を止め、花かつおを入れる。1分ほどしたらさらし（またはキッチンペーパー）をひいたザルでこす。こす時、えぐみが出るのでしぼらないこと。
3 煮沸消毒した保存容器に入れ、冷蔵庫で保存する。

兵庫

兵庫県住みます芸人
モンスーン

**兵庫県住みます芸人もオススメ!!**

## 餃子が進む！特製味噌だれ

中華街もある神戸には餃子のお店が多くありますが、どこのお店も味噌だれが主流。ということで、我が家の味噌だれを教えちゃいます！

**材料（作りやすい分量）**

A ┃ 味噌（甜麺醤）……大さじ2
　 ┃ 酢……小さじ2
　 ┃ しょうゆ……小さじ1
　 ┃ ごま油、豆板醤……各少々
ラー油……適宜

**作り方**

1 器にAの調味料を入れ、混ぜ合わせる。
2 お好みでラー油を加える。

# うちの自慢のご当地調味料！

47都道府県、各地の住みます芸人がおすすめ！

奈良
奈良県住みます芸人
十手リンジン
推薦

恒岡醤油醸造本店
吉野杉桶こいくち
**「純」**

十手リンジン・西手の住む今井町の恒岡醤油さんのもの。香り高く、なんにでも合います！

仙台味噌醤油株式会社
**本場仙台みそ**

宮城
宮城県住みます芸人
爆笑コメディアンズ
推薦

仙台味噌は風味高い辛口の赤味噌。伊達政宗公の頃より受け継がれてきた伝統の味なのです

---

石川
石川県住みます芸人
ぶんぶんボウル
推薦

能登の魚醤
**いしる**

能登の魚醤といえば、いしるです。少量でも味がしっかりでるのでパスタにも合います。僕はペペロンチーノやいろんな料理に隠し味でいしるを入れます。程よく香る魚介の風味が食欲そそります！

まりラーメン特製
**キムチ唐辛子**

南会津町田島にある『ラーメンまりちゃん』の名物は、看板にラーメンって付いているのになぜかソースカツ丼。そこにこのキムチ唐辛子を乗せるとものすごく旨い！ 販売している理由がよくわかります！

福島
福島県住みます芸人
ぺんぎんナッツ
推薦

神奈川

神奈川県住みます芸人
アホマイルド坂本
推薦

横浜醤油株式会社
## こいくちしょうゆ
（本醸造）

創業は昭和12年、戦災を乗り越え、今や横浜市唯一の醤油メーカー。関東風のキリっとした塩気の中にもまろやかさが光るしょうゆです

岩井の胡麻油株式会社
## 濃口

伝統製法による香り高い上品な胡麻油！こちらも老舗中の老舗！ 創業は安政4年で160年の歴史があります

静岡

静岡県住みます芸人
富士彦
推薦

## 燻製しょうゆ

スモークならではの深みがたまりません(^^)。静岡県三島市醸造の濃口醤油です

芋慶
## あじっこ

地元で有名なたまり醤油と豆みその製造販売を行っている『芋慶』さん。このあじっこは、卵かけごはんにめちゃくちゃ合います！

岐阜

岐阜県住みます芸人
三ツ星ジョージ
推薦

西伊豆戸田塩
## 焼き塩

戸田と書いて、へだと読みます。駿河湾の海水を煮込んで作った天然塩のまろやかな味わいがたまりません

芋慶
## ゆず味噌

ほんのり爽やかなゆずの香りが食欲をそそります。なすやこんにゃくの田楽にもぴったり

ボルサリーノ **関 好江**

1971年2月15日生まれ。
愛知県名古屋市出身。

1997年に山田真佐美とコンビ「ボルサリーノ」結成。芸人仲間に振る舞う料理が評判を呼び、料理芸人として活躍。特に食べて運気を上げる「開運パワーフード」に定評あり。著書に『食べると人生が変わる！開運飯』『使いきり！レシピ 食材まるごと、ぜんぶ、おいしく!!』(いずれもマガジンハウス刊)がある。

犬の心 **いけや賢二**

1978年7月5日生まれ。
静岡県駿東郡小山町出身。

1998年に押見泰憲とコンビ「犬の心」結成。20代で始めた居酒屋でのバイト経験から料理芸人として開眼。テレビ番組「得する人損する人」(日本テレビ系)で"ウル得マン"として出演、注目が集まる。著書に『いけやの料理帖-だし、しょうゆ、みりん、酒で味が決まる』(ワニブックス刊)がある。岐阜県関市の包丁大使に任命されている。

はんにゃ **川島章良**

1982年1月20日生まれ。
東京都中野区出身。

2005年に金田哲とコンビ「はんにゃ」結成。母方の祖父は京都で料理人をしており、料理が得意な母の下で食の英才教育を受けて育つ。自身に子どもが生まれたことをきっかけに、離乳食インストラクター、幼児食インストラクター、食育アドバイザー、お弁当学マスターなどの資格を次々に取得。また、"だし"への興味を深め、だしソムリエ1級を取得している。

## STAFF

| | |
|---|---|
| 編集 | 粟野亜美 |
| デザイン | 村口敬太、中村理恵、舟久保さやか、ジョン ジェイン(スタジオダンク) |
| 撮影・スタイリング | minokamo(長尾明子) |
| 企画・進行 | 株式会社よしもとクリエイティブ・エージェンシー |
| 協力 | 株式会社ベルロックメディア |

よしもと芸人×dグルメ
# みんなで作る！ ご当地とっておき料理
2018年2月15日初版発行

| | |
|---|---|
| 著者 | 「ご当地とっておき料理」編集部 |
| 発行人 | 内田久喜 |
| 編集人 | 松野浩之 |
| 発行 | ヨシモトブックス<br>〒160-0022 東京都新宿区新宿5-18-21<br>TEL 03-3209-8291 |
| 発売 | 株式会社ワニブックス<br>〒150-8482 東京都渋谷区恵比寿4-4-9 えびす大黒ビル<br>TEL 03-5449-2711 |
| 印刷・製本 | 株式会社光邦 |

本書の無断複製(コピー)、転載は著作権法上の例外を除き禁じられています。
落丁本・乱丁本は㈱ワニブックス営業部宛にお送りください。
送料弊社負担にてお取替え致します。

©「ご当地とっておき料理」編集部／吉本興業 2018 Printed in Japan
ISBN978-4-8470-9633-4